Edition Paashaas Verlag

Titel: **Frühstückskompass**
Autor: Melanie Joußen
Originalausgabe Januar 2024
Covermotiv: Melanie Joußen/Sebastian Hinkel
Covergestaltung: Michael Frädrich
Korrektur: Nina Sock
Printed: BoD GmbH, Norderstedt

www.verlag-epv.de
ISBN: 978-3-96174-135-9

Die Deutsche Nationalbibliothek verzeichnet diese Publikation in der Deutschen Nationalbibliografie; detaillierte bibliografische Daten sind im Internet über http://dnb.d-nb.de abrufbar.

Frühstückskompass

Einleitung

Das Frühstück ist eine der wichtigsten Mahlzeiten am Tag. Aus ihm schöpfen wir unsere Energie und unsere Leistungsfähigkeit.
Heutzutage ist das Frühstück für viele Menschen aus dem Fokus gerückt. Morgens muss es schnell gehen und es bleibt keine Zeit für das Essen übrig. Dabei heißt Frühstücken nicht zwangsläufig sofort nach dem Aufstehen etwas zu essen. Die Zubereitung muss auch nicht langweilig und zeitaufwändig sein.
Ich kann mich noch gut daran erinnern, dass es früher oft hieß: „Ohne Frühstück gehst du nicht aus dem Haus." Dies hat mich sehr geprägt.
Als Gesundheitsberaterin und Coach befasse ich mich außerdem mit allen Fragen rund um unsere Gesundheit.
So ist es für mich ganz eindeutig, dass die eigene Leistungsfähigkeit und Energie auch eine Sache eines guten und ausgewogenen Frühstücks ist. Dabei sollte unbedingt der eigene Geschmack und das Genießen mit berücksichtigt werden.
Sie finden in diesem kleinen Ratgeber alles rund um das Thema Frühstück.

Es gibt einen Abstecher in frühere Zeiten, Sie bekommen ein Gefühl für das, was Sie essen und erhalten nützliche Tipps für ein gesundes, aber vor allem leckeres Frühstück.
Rezepte am Ende dieses Ratgebers runden dieses Buch ab und unterstützen Sie bei Ihrem ganz persönlichen, leckeren Essvergnügen.

Kapitel 1:

Die Tradition des Frühstücks

Das letzte Jahrtausend

Heute sind wir zumindest rein theoretisch, in der unglaublichen Lage uns gesund und ausgewogen ernähren zu können. Dass viele von uns dies nicht oder nur unzureichend tun, liegt nicht an einem mangelnden, sondern eher an einem Überangebot an Lebens- und Genussmitteln. Das gilt auch für unser Frühstück.

Wie gestaltete sich das aber früher? Was wurde im vergangenen Jahrtausend gefrühstückt und warum?

Befragt man die Plattform Wikipedia, dann stellt man fest, dass vor dem 16. Jahrhundert in Europa vor allem sehr einfach gegessen und demnach auch gefrühstückt wurde.

Auf den Frühstückstisch kam zumeist ein Getreidebrei, der mit Wasser gekocht wurde. Dieser war nahrhaft und brachte ausreichend Energie für die zumeist harte tägliche Arbeit. Für die ländliche Bevölkerung blieb dies bis zum Abendessen oftmals die einzige Mahlzeit. Nur der Adel leistete sich mehr als zwei Essen pro Tag. Hier bedeutete eine Vielfalt auf dem Speiseplan auch ein erkennbares Merkmal für Wohlstand und Reichtum. Fleisch und Süßigkeiten standen dabei besonders hoch im Ansehen. Die Speisen sollten sich von denjenigen der Landbevölkerung abheben und unterscheiden.

Betrachtet man die damalige Ernährungslage, so dürfte es der Bevölkerung an vielen Nährstoffen gemangelt haben. Hülsenfrüchte und Getreide bildeten die Hauptnahrungsmittel, begleitet von Zwiebeln und Wurzelgemüse. Obstsorten gab es nur eingeschränkt, denn sie waren nicht lange haltbar und noch nicht in der heutigen Vielfalt vorhanden. Abgerundet wurden die Möglichkeiten von Küchenkräutern, wenn sie angebaut oder gesammelt werden konnten. Fleisch dagegen stand nur äußerst selten auf dem Speiseplan. Ungeeignete Lagerung sowie Fraß verschiedener Tierarten führte zu gesundheitlichen Problemen und verminderter Haltbarkeit.

Erst mit der Eroberung der neuen Welt und dem Handel mit Asien und dem Orient kamen neuartige und vielfältige Lebensmittel nach Europa. Mit diesen wuchsen auch die Möglichkeiten. Es gab nun plötzlich Kartoffeln, vielfältige Gemüsesorten und Gewürze. Daneben stand nun auch eine Vielfalt an verschiedenen Getränken zur Verfügung. Wurde früher vor allem verdünnter Wein und verdünntes Bier zu eigentlich jeder Tages- und Nachtzeit getrunken, so erweiterten Kaffee, Kakao und Tee auch in dieser Hinsicht die Speisenvielfalt enorm.

Unsere heutigen Frühstücksgewohnheiten sind demnach eine Folge der letzten dreihundert Jahre. Erst in dieser Zeit wurde das heutige Bild von Frühstück geprägt.
Was jedoch in jeder der Epochen in Europa deutlich erkennbar war und ist, ist die Tatsache, dass dem Frühstück mehr Bedeutung zugesprochen wird, je nördlicher wir uns bewegen. Je südlicher wir uns befinden, umso stärker ausgeprägt ist die Ausrichtung auf das Abendessen hin. Dies mag auch mit der vorherrschenden Witterung zu tun haben.
Je kühler die Region, umso mehr Wert wird auf ausreichend energiereiche Kost am Morgen gelegt. Ist es dagegen eher warm, wie im Mittelmeerraum, so scheint eher der Wunsch zu einem ausgedehnten Mahl am Abend zu bestehen, wenn die Temperaturen wieder angenehmer werden.

Wie frühstückt Europa?

Einer interessanten Umfrage von Hometogo zufolge, wurde nachgefragt, was die Menschen glauben, wie in den verschiedenen Ländern gefrühstückt wird. Dementgegen wurde dann die tatsächliche Tradition gestellt.

Ich möchte an dieser Stelle gar nicht die gesamte Befragung aufführen, sondern nur ein paar vereinzelte Ergebnisse zum Besten geben.

Beginnen wir mit dem wohl stärksten Unterschied in der Befragung und der entsprechenden Tatsache. So wurde vermutet, dass in Österreich bereits zum Frühstück Schnitzel und Kaiserschmarren auf dem Tisch stehen. Tatsächlich frühstückt der Österreicher jedoch am liebsten Brötchen mit Marmelade.

Nahe lag die Vermutung bei einem deutschen Frühstück. Hier dachten die Befragten an Brötchen mit Marmelade oder Aufschnitt. Und das ist gar nicht so weit gefehlt. Auf den Tisch kommen zumeist Brötchen mit Schinken und dazu ein Kaffee.

Für mich persönlich war doch erstaunlich, dass viele Länder beim Frühstück Gebäck bevorzugen. So kommen zum Teil sogar Krapfen auf den Frühstückstisch. Diese Vorliebe erstreckt sich über ganz Europa, es ist kein System erkennbar, welche Län-

der diese Gewohnheiten pflegen. Von Italien, Griechenland bis hin nach Tschechien oder Litauen sind viele Länder bei diesen Gewohnheiten zu finden.
Ganz bunt treiben es die Großbritannier – allen voran die Engländer –, die neben Weißbrot vor allem Eier, Bohnen und Würstchen in der Frühe verspeisen.
Mein persönlicher Favorit ist Russland. Hier steht neben Tee oder Kaffee, einer belegten Scheibe Brot auch eine Schüssel Haferbrei auf dem Frühstückstisch. Später werden Sie noch verstehen, warum mich gerade diese Art zu frühstücken besonders anspricht.

Sie sehen also, wie unterschiedlich heutzutage gefrühstückt wird. Es ist so einiges dabei, von warm bis kalt, von herzhaft bis süß. Natürlich entspricht dies nicht immer den Tatsachen. Eine Umfrage dient nur zur groben Einschätzung der Gewohnheiten. Was jedoch auffällt, es steht selten ausreichend Obst und Gemüse sowie Vollkorn auf dem Plan. Wichtige Nähr- und Ballaststoffe fehlen, obwohl sie problemlos dem Frühstücksplan hinzugefügt werden könnten.

In den späteren Kapiteln werden wir uns ausführlicher diesem Thema widmen. Sie werden erfahren, wie ein Frühstück lecker und vielseitig gestaltet werden kann. Ich werde Ihnen verschiedene Tipps und Tricks vorstellen. Es gibt die vielfältigsten Möglichkeiten und Varianten ein gesundes und leckeres Frühstück in fast jeden Alltag zu integrieren.

Kapitel 2:

Die Nährwerte und ihre Bedeutung beim Frühstück

Ich selbst bin kein Freund vom täglichen Kalorien zählen und dem genauen Abmessen und Abwiegen von Zutaten, Nährstoffen und so weiter. Was ich aber sehr wichtig finde, ist ein generelles Verständnis für den eigenen Kalorienumsatz und ein grobes Gefühl für das, was täglich gegessen wird.

Ich habe fest gestellt, dass es für viele Menschen eine recht undurchsichtige Sache darstellt, wie hoch ihr tatsächlicher Kalorienbedarf am Tag ist. Da verwundert es nicht, dass auch die aufgenommene Anzahl an Kalorien oftmals vollkommen davon abweicht. Gewichtsschwankungen und ein Unverständnis für das Geschehen sind die Folge.
Dabei ist es eine ganz einfache Geschichte. Dies möchte ich Ihnen hier einmal näher bringen, bevor wir weiter auf unser Frühstück schauen.

Wie sich der Kalorienverbrauch zusammensetzt

Unser täglicher Verbrauch ergibt sich aus zwei Komponenten.

Als Erstes haben wir den so genannten Grundumsatz. Dies bedeutet die Anzahl an Kalorien, die der Körper innerhalb 24 Stunden (liegend) benötigt, um seine körpereigenen Funktionen aufrecht zu erhalten.

Zum Grundumsatz kommt der Leistungsumsatz. Dies ist die Energie, die jeder je nach seinen Aktivitäten verbraucht.

Beide zusammen ergeben den Gesamtumsatz.

Aber wie berechnet man nun ganz einfach diesen Gesamtumsatz?

Es gibt ganz spezielle und sehr genaue Rechnungsweisen, die jedoch je nach Art und Weise komplizierter sind. Ich habe mich hier für eine ganz vereinfachte Variante entschieden. Dies mag ungenau sein und auch auf die Fett- und Muskelmasse nicht eingehen, dafür zeigt sie aber jedem schnell und leicht seinen ungefähren Tagesverbrauch an.

Vereinfachte Rechnung:

Körpergewicht x 24 = Grundumsatz

Grundumsatz x PAL (Leistungsumsatz) = Gesamtumsatz

Aber was ist nun der PAL?
Das ist der Physical Activity Level.
Hier einmal ein paar Beispiele für den PAL-Faktor:
1,4 = überwiegend sitzende Tätigkeit mit wenig ausgleichender Freizeitbewegung
1,6 = überwiegend sitzende Tätigkeit mit ausreichend Freizeitbewegung
1,8 = überwiegend stehende Tätigkeit mit viel Bewegung
2,0 = überwiegend gehende Tätigkeit
2,3 = harte körperliche Arbeit

Beispiel:
Sie wiegen 70kg und haben einen überwiegend sitzenden Beruf, Sie arbeiten im Büro, bewegen sich aber nach Arbeitsende regelmäßig.
70 x 24 = 1680
1680 x 1,6 = 2688

Ihr Gesamtumsatz liegt also ungefähr bei 2688kcal täglich.
Sie sind erstaunt? Ja, das ist die ungefähre tägliche Kalorienanzahl, die Sie zu sich nehmen können, ohne zuzunehmen. Voraussetzung ist natürlich der

oben ausgewählte Bewegungslevel ist gleichbleibend. Genauer wird die Rechnung, wenn sie täglich für den jeweiligen Bedarf ausgeführt wird. An Tagen, an denen der Bewegungslevel niedriger ist, wird der Grundumsatz mit der entsprechend niedrigeren Zahl multipliziert.
Es ist eine Rechnung, die sehr komfortabel erscheint, wenn man sieht, wie hoch hiermit der eigene Umsatz ist. Diese Rechnung dient der groben Einschätzung. Sie ist dafür gedacht, ein Gefühl für das eigene Gewicht, den Tagesverbrauch und die zugeführten Kalorien zu bekommen.
Dies ist wichtig, um einschätzen zu können, wie viel zu welchen Mahlzeiten gegessen wird. Fällt das Frühstück kalorientechnisch größer aus, so sollten die weiteren Mahlzeiten am Tag etwas maßvoller sein. Ist das morgendliche Mahl dagegen kleiner bemessen, so darf es zu den späteren Essenszeiten auch einmal etwas mehr sein.

Deutlich wird hier natürlich eines: Je weniger wir wiegen und je weniger wir uns bewegen, desto niedriger ist auch unser täglicher Kalorienumsatz. Umgekehrt hat ein Mensch, der mehr wiegt auch erst einmal einen höheren Kalorienbedarf am Tag.

Da dies kein Buch über Diäten werden soll, werde ich es an dieser Stelle dabei belassen und wieder zurück zu unserem eigentlichen Thema kommen. Denken Sie aber immer daran, dass Sie durch Ihr Ess- und Bewegungsverhalten Ihr Gewicht selbst in der Hand haben. Die Idee, dass ein niedriges oder hohes Gewicht vor allem in den Genen und somit in der Familie liegt, hat nur in dem Sinne eine Bedeutung, dass wir ihr eine zumessen. Verstehen wir aber, dass wir selbst alles in der Hand haben, so sprechen wir uns auch selbst Handlungsmöglichkeiten zu.

Die Frühstückskalorien

Kommen wir nun zurück zu unserem Frühstück. Erinnern Sie sich noch an die verschiedenen Frühstücksvariationen? Wo bewegen wir uns denn in diesen Fällen kalorientechnisch? Na, was denken Sie? Unser typisch deutsches Frühstück mit einem Schinkenbrötchen und dem Kaffee dazu? Wie viele Kalorien nimmt der Mensch in so einem Fall zu sich?
Das typisch deutsche Frühstück liegt bei ca. 350kcal. Damit liegt es in einem guten unteren Bereich. Viel weniger sollte es nicht haben, um ausreichend Energie für den Tag zu liefern. Es darf aber auch gerne noch etwas kalorienreicher sein, ohne,

dass wir uns bei den restlichen Mahlzeiten einschränken müssen. So bleibt noch genügend für das Mittagessen und das Abendbrot übrig und sogar vielleicht für einen Snack zwischendurch.
England kommt dagegen auf, halten Sie sich fest, gute 1200kcal! Ja, wie wir schon gesehen haben, essen die Engländer sehr deftig morgens. Neben Toast und Tee oder Kaffee stehen vor allem gekochte Zutaten auf dem Speiseplan. Würstchen, Eier und Bohnen haben es kalorientechnisch auch in sich. Ein Nebeneffekt ist hier jedoch, dass bei optimaler Voraussetzung der Mensch, der so ein Frühstück genießt lange satt ist und wahrscheinlich erst spät am Tag wieder etwas zu essen benötigen würde.
Wird dies dann auch in diesem Fall so umgesetzt, dann kommen wir mit unserem reichhaltigen Frühstück und den damit verbundenen Kalorien natürlich auch weit. Sollten wir jedoch den restlichen Tag weiterhin so reichhaltig essen, so sind Gewichtszunahmen vorprogrammiert.

Es ist demnach sehr wichtig sich auf sein eigenes Körpergefühl verlassen zu können. Wann habe ich wirklich Hunger und wann bin ich eigentlich satt, habe aber Appetit auf etwas Essbares. Kann ich mich auf meinen Körper verlassen, dann macht es durchaus Sinn morgens reichhaltig zu frühstücken, um über den Tag optimal versorgt zu sein. So haben wir nicht nur körperlich, sondern auch geistig genügend Energie, um den Tag gut zu meistern und für alle Aufgaben gewappnet zu sein.

Was macht ein gutes Frühstück neben der Anzahl der Kalorien aber aus? Hierzu machen wir einmal einen kurzen Abstecher. Lassen Sie uns die 10 Regeln zur vollwertigen Ernährung der deutschen Gesellschaft für Ernährung - DGE - zu Rate ziehen.
Keine Sorge, ich werde Ihnen jetzt nicht die gesamten Regeln vorbeten. Ein paar wenige sind mir aber wichtig zu erwähnen.
Dazu gehören:

Vielfältig und abwechslungsreich essen

Das ist eine Regel, die für alle unsere Mahlzeiten gelten sollte, die wir aber schon beim Frühstück einsetzen können. Nicht nur im Belag auf dem Brot oder dem Brötchen, sondern ganz allgemein sollte auch auf dem Frühstückstisch eine gewisse Vielfalt erkennbar sein. Abwechslungsreiche Zutaten machen das Essen zu einem Genuss für alle Sinne. Nun mag der Frühstücksmuffel laut aufstöhnen und erklären, dass genau das das Problem sei. Wenn morgens der Appetit fehlt und die Zeit außerdem, wie

soll dann noch Vielfalt auf den Tisch kommen? Schmeckt doch morgens sowieso nichts! Vielleicht liegt das daran, dass bisher nicht das Richtige gefunden wurde oder einfach die Ideen nicht vorhanden waren. Auf die Fragen, wie früh denn ein Frühstück gegessen wird und wie es gestaltet werden kann, kommen wir später noch zu sprechen.
Schauen wir erst einmal weiter, was uns die DGE noch Interessantes zu bieten hat.

Nimm 5 am Tag

Eine an sich oftmals für viele Menschen schwierige Regel. Drei Gemüse- und zwei Obstportionen sollen pro Tag gegessen werden. Wie gesagt, für viele von uns ein Graus und bereits der Anfang vom Ende. Hat man das Gefühl etwas nicht leisten zu können, so ist es oftmals leichter die Geschichte erst gar nicht anzugehen anstatt nach einer praktikablen Möglichkeit zu suchen. Auch fehlt hier ab und an die Idee, wie diese Regel umgesetzt werden könnte.
Schaffen wir es bereits auf dem Frühstückstisch etwas Obst und Gemüse unterzubringen, so ist schon eine der Portionen gegessen. Und schon sieht die Sache gar nicht mehr so unerreichbar aus oder?
Außerdem sorgen wir somit auch für eine ausreichende Versorgung mit Vitaminen, Mineralien, sekundären Pflanzen- und Ballaststoffen. Alle sind

wichtige Bestandteile nicht nur unserer Nahrung, sondern vor allem für die Gesunderhaltung unseres Körpers.
Die dritte Regel, die meiner Meinung nach wichtig für unser Frühstück ist, lautet:

Nimm Vollkorn

Auch hier können wir den Gehalt an Ballaststoffen deutlich erhöhen und gleichzeitig für hochwertigere Lebensmittel auf dem Frühstückstisch sorgen. Genau wie bei den anderen Punkten gilt auch hier im Zweifel klein anzufangen. Wie wäre es beispielsweise das Weißmehlbrötchen gegen ein Vollkornbrötchen auszutauschen oder das Weißbrot gegen Vollkornbrot. Aufgepasst: Vollkorn heißt nicht unbedingt ganze Körner – und umgekehrt ist ein dunkles Brot nicht unbedingt ein Vollkornbrot. Der Bäcker des Vertrauens kann Ihnen hier weiter helfen und selbst auf der Packung im Supermarkt steht in der Zutatenliste, was im Brot enthalten ist.
Auch Haferflocken oder anderes Getreide kann eine tolle Frühstücksalternative sein und aus vollem Korn gewählt gute Dienste leisten.
Mit der Wahl von Vollkornprodukten sorgen wir ebenfalls wieder für eine Erhöhung der Ballaststoff-

menge am Tag. Gleichzeitig versorgen wir den Körper wiederum mit Mineralien und Vitaminen, die im vollen Korn enthalten sind.

An dieser Stelle möchte ich erwähnen dass die DGE zu einem Frühstück binnen zwei Stunden nach dem Aufstehen rät. So erhalten wir die Energie, die wir für unsere Vorhaben am Tag benötigen. Dies halte ich für einen guten und praktikablen Rat. Auch als Frühstücksmuffel bleibt somit genügend Zeit, um ein entsprechendes Hungergefühl zu entwickeln. Dies kommt auch denjenigen zugute, die morgens durch die Versorgung der Kinder oder einen längeren Weg zur Arbeit das Gefühl haben, keine Zeit für ein Frühstück zu Hause aufbringen zu können.

Ballaststoffe

Was hat es aber mit dem Ballaststoffen auf sich? Was bewirken sie und wie viel sollten wir davon zu uns nehmen?
Ballaststoffe sind wichtig für unsere Darmgesundheit. Sie dienen den Bakterien, vor allem im Dickdarm, als Nahrung und sorgen dafür, dass die Darmflora intakt bleibt. Diese ist wichtig für den gesamten Darm, seine Gesundheit und damit für das Wohlergehen des ganzen Körpers. So können sich

keine Erreger im Darm einnisten und die Darmschleimhaut bleibt gesund und stabil. Auch die vor allem bei Frauen so oft gefürchtete Divertikulitis tritt seltener auf, wenn ausreichend Ballaststoffe in der täglichen Nahrung enthalten sind. Das Gleiche gilt für verschiedene Beschwerdebilder, wie beispielsweise die Verstopfung. Aus dem Beschwerdebild der Verstopfung kann möglicherweise eine Disposition für eine Divertikulitis entstehen. Dies bezeichnet Einstülpungen in der Darmwand, die sich entzünden können. Dies geschieht vor allem durch die Ansammlung von Stuhl, welcher nicht durch die normale Darmbewegung abtransportiert wird.
Somit dürfte deutlich werden, wie wichtig eine ausreichende Versorgung des Körpers mit ballaststoffreichen Lebensmitteln ist. Letztendlich sorgen wir außerdem mit einem gesunden Darm auch dafür, dass der restliche Organismus optimal versorgt und damit gesund ist. Natürlich hängt nicht alles vom gesunden Darm ab, aber er spielt eine große und oftmals unterschätzte Rolle in unserem Körper und für unsere Gesundheit.

Die DGE empfiehlt eine tägliche Zufuhr von 30g Ballaststoffen für einen erwachsenen Menschen.

30g klingt erst einmal nicht viel und ich glaubte anfangs selbst, dass dies doch täglich ohne Schwierigkeiten erreicht werden kann. Ganz so leicht ist es jedoch nicht.

100g Getreide der verschiedensten Sorten hat im Mittelwert um die 9g Ballaststoffe.
Bei Obst und Gemüse kann man sich auf einen Mittelwert von um die 3g Ballaststoffe auf 100g festlegen. Es gibt ballaststoffreicheres und ärmeres Gemüse und Obst, aber mit 3g durchschnittlich liegen wir in einem guten Mittelbereich.

Eine Portion Haferflocken hat um die 30g. Sie enthalten nach unserem Mittelwert also geschätzt 2,7g Ballaststoffe.
Ein Apfel mag um die 180g wiegen. Zieht man das Kerngehäuse ab, so bleiben um die 150g. Bei einem Mittelwert von 3g Ballaststoffe hat unser Apfel 4,5g Ballaststoffe.

Rechnen wir einmal ganz genau nach, kommen wir beispielsweise auf folgende Werte:
100g Vollkornbrot mit Sonnenblumenkernen hat 7,9g Ballaststoffe. Rechnet man pro Scheibe durchschnittlich 40g, so macht das 3,2g Ballaststoffe.

100g Cornflakes haben 4,0g Ballaststoffe. Bei einer Portionsgröße von 30g macht das 1,2g Ballaststoffe
100g Tomaten haben 1g Ballaststoffe. Bei einem durchschnittlichen Gewicht einer Tomate von 80g, bleiben gerade einmal 0,8g Ballaststoffe übrig.
100g Äpfel haben 2g Ballaststoffe. Rechnet man mit einem durchschnittlichem Gewicht von 125g bei einem großen, entkernten Apfel, so bleiben 2,25g Ballaststoffe.

Aufgrund dieser Beispiele wird klar, dass es gar nicht so leicht ist wie erwartet die täglichen 30g zu erreichen. Außerdem dürfte Ihnen nun deutlich werden, weswegen es bereits beim Frühstück wichtig ist für eine gute und ausreichende Versorgung zu sorgen. Das Frühstück bietet Ihnen die Möglichkeit sich bereits mit wichtigen Nähr- und somit auch Ballaststoffen einzudecken. Damit wird es leichter ein tägliches Mindestmaß an Gemüse, Obst und somit auch Ballaststoffen aufzunehmen.

Kapitel 3:

Frühstück aus Sicht der TCM

Dieses Kapitel liegt mir besonders am Herzen. Die TCM ist schon lange mein Steckenpferd und somit darf ein Abstecher dorthin auch nicht fehlen.
Zu Beginn sei gesagt, dass die Sichtweise der TCM eine ganz andere ist als diejenige, die wir im Westen kennen. So werden Organe beispielsweise auch ganz anders betrachtet und nicht auf ihre reinen Funktionen beschränkt. Vielmehr steht der so genannte Funktionskreis im Vordergrund, also die Summe der Funktionen, die in diesem Bereich vorliegen.
In der Lehre der fünf Wandlungsphasen oder Elemente finden wir ein Ordnungssystem, in das in der TCM oder auch in der chinesischen Sichtweise allgemein alles eingeordnet werden kann. Von Jahreszeiten über Geschmacksrichtungen, Organe, Emotionen, Farben, Himmelsrichtungen und so weiter. Somit ist dieses System ähnlich wie Yin und Yang ein Bereich der TCM, der zur Ordnung dient, dabei aber nicht statisch zu betrachten ist.

Gerade das Frühstück betreffend, ist die Sichtweise der TCM hinsichtlich der Organe und ihrer Funktionen sehr wichtig und interessant. Die Wandlungsphase der Milz spielt hierbei eine ganz besondere Rolle.

Die Milz aus Sicht der TCM

Im Folgenden werde ich eine sehr bildhafte Beschreibung unserer Organe liefern. Dies macht den komplexen Aufgabenbereich unseres Körpers und vor allem der Milz aus Sicht der TCM deutlich und vereinfacht uns ein Verständnis für sie.

Was die Organe an sich betrifft, so stellen Sie sich unsere Milz als eine Mutter in einem großen Haus vor. Das Haus ist unser Körper. Die Mutter, also die Milz, hat viele Kinder. Um nicht das ganze Haus alleine bewirtschaften zu müssen, entschloss sich die Mutter irgendwann ihren Kindern Aufgaben zuzuteilen. Dazu wurden je zwei Kinder, deren Aufgaben zusammen passten, für je einen Bereich bestimmt. Die Milz selbst kümmert sich mit dem Magen um die Nahrungsaufnahme und die Verwertung der Bestandteile, wie ich sie noch weiter unten beschreiben werde.
Lunge und Dickdarm kümmern sich um die Abwehr des Körpers, um das, was über Haut und Luft hinein

kommt und was wieder aus dem Körper heraus muss.
Nieren und Blase kümmern sich um die Flüssigkeiten. Die Nieren stehen aber auch für unsere Gene, unsere Lebensessenz, das Jing.
Leber und Gallenblase kümmern sich um die Blutspeicherung und das alles im Fluss bleibt.
Herz und Dünndarm schließlich sorgen für die Verteilung im Körper, sowohl von Blut als auch von Nährstoffen.
Es gibt noch vielfältige weitere Aufgaben, die diese Paare bewerkstelligen. Dies ist lediglich eine grobe Einordnung.

Wie schon oben erwähnt, sorgt unsere Milz nun dafür, dass Nahrung, die in den Körper hinein gelangt, sortiert und bereit gestellt wird.
Stellen Sie sich vor, die Nahrung kommt in einen Kornspeicher. In einem guten Kornspeicher ist alles sauber und sortiert. Derjenige, der diesen Speicher betreut, weiß genau, wo sich etwas befindet und was benötigt wird und wann.
Verhält es sich aber so, dass der "Aufseher" des Kornspeichers, also die Milz, müde und unkonzentriert ist, dann kommt nicht mehr alles an seinen Platz. Auch ist der Speicher nicht mehr so sauber

und aufgeräumt. Vielleicht nisten sich sogar Mäuse ein und verunreinigen das Getreide.

Auf unseren Körper bezogen heißt das, dass die Milz ihrer Arbeit nicht mehr ausreichend nachkommt und Nahrungsbestandteile nicht mehr "sortiert". "Müllhalden" werden angelegt, was sich in Untergewebsfett oder Cellulite bemerkbar machen kann. Unsere Milz wird müde und räumt weder auf, noch kann sie aus dem, was an Nahrung herein kommt Qi bilden. Die Bildung von Qi, also der Energie, die wir benötigen, ist aber eine der wichtigsten Aufgaben der Milz. Das Qi wird zu einem Großteil aus unserer hereinkommenden Nahrung hergestellt.
Ist unsere Milz nun müde und kann aus der Nahrung nichts heraus nehmen, dann muss sie sich die Stoffe, die sie benötigt, woanders holen. Dies geschieht bei unseren Nieren. Die Nieren verfügen über das so genannte Jing, unsere Geburtsessenz. Diese sollten wir gut schützen und bewahren. Ist unsere Milz nun aber müde und geht zur Niere, so leiht sie sich dort die benötigte Essenz, um daraus Qi herstellen zu können.

Häufiges Nutzen der Nierenenergie führt letztendlich dazu, dass nicht nur unsere Milz müde ist, sondern auch die Nieren immer mehr an Energie abgeben.
So ist es nicht verwunderlich, dass unser Körper immer müder und antriebsloser wird. Auf lange Sicht gesehen dürften verschiedene gesundheitliche Probleme die Folge sein. Hierunter fallen beispielsweise diverse Verdauungsstörungen, Gewichtsschwankungen und nicht zuletzt erhöhte Entzündungswerte, die auch in Zusammenhang mit erhöhtem Bauchfett gesehen werden können.

So zeigt sich letztendlich, dass sich eine gesunde und gut funktionierende Milz sehr positiv auf unseren gesamten Körper auswirkt.

Hierzu kommt noch die Tatsache, dass unser Funktionskreis Milz, morgens und vormittags am aktivsten ist.
Der TCM zufolge hat jedes Organ innerhalb von 24 Stunden einmal seinen Höchststand und 12 Stunden später ist seine Leistung am geringsten. Für den Magen ist seine Höchstleistung zwischen 07:00 und 09:00 Uhr morgens, die Milz ist von 09:00 bis 11:00 Uhr aktiv. Dies bedeutet, herankommende Nahrung

kann in dieser Zeit optimal verwertet werden. Außerdem kann die Milz zu dieser Tageszeit nicht nur die Nährstoffe effektiv verwerten, sie nutzt diese auch gleich zur Herstellung von Qi. Unser Körper erhält also die bestmögliche Menge an Qi und damit an Energie, die er für die Erledigung der täglichen Aufgaben benötigt.

Was genau macht unsere Milz nun aber müde?

Essen, welches aus Sicht der TCM schwer verdaulich ist, macht unsere Milz auf Dauer müde. Hierzu zählen vor allem ungekochte Speisen.

Nicht nur aus Sicht der TCM, auch aus unserer Sichtweise her sind Rohkost oder fette Speisen schwer verdaulich. Auch wenn Rohkost wenige Kalorien liefert, so benötigt der Magen doch länger, um diese Nahrung aufzuspalten. Somit wirkt ein Salat am Abend zwar auf seine Kalorien bezogen positiv, unser Magen hat jedoch viel mit dieser Speise zu tun. Die Sichtweise der TCM legt es so dar, dass eine gekochte Mahlzeit leichter verdaulich ist und somit die benötigte Energie sofort bereitstellen kann. Die Zeit der Verdauung im Magen ist kürzer. Stellen Sie sich vor, in unserem Bauch steht ein Kochtopf, in dem ständig eine Suppe vor sich hin köchelt. Je wärmer die hereinkommenden Mahlzeiten sind, um so gleichbleibender ist die Temperatur unserer Suppe. Kalte Speisen dagegen kühlen die Suppe ab und sie muss mühsam wieder aufgewärmt werden. Dies bedeutet einen zusätzlichen Energieaufwand. Wir müssen uns also die Frage stellen, wie warm die hereinkommende Nahrung ist und wie viel Energie der Körper verwenden muss, um sie zu verwerten und gegebenenfalls an die Temperatur im Kochtopf anzupassen.

Erwähnt sei hierbei noch, dass die TCM die Begriffe Nährstoffe nicht so verwendet, wie wir dies tun. Anstatt aufzusplitten, wie viele Vitamine, Mineralien und so weiter in einer Speise enthalten sind und zu überlegen, ob diese in gekochter Form noch vorliegen, geht die TCM davon aus, dass Nährstoffe dann aufgenommen werden, wenn der Körper dazu in der Lage ist. Das heißt, wenn die Nährstoffe zwar vorhanden sind, der Körper sie aber nicht verwerten kann, weil der Kornspeicher nicht mehr betreut wird, so nützen sie dem Körper nichts und werden wieder ausgeschieden. Ist der Kornspeicher jedoch gut aufgeräumt und wird optimal betreut, so kommen alle benötigten Stoffe auch dort an, wo sie hin gehören, unabhängig von der Zubereitungsart der Mahlzeit.

Aus dieser Sichtweise her ist es nicht verwunderlich, dass ein warmes Frühstück in China oder sagen wir dort, wo die Tradition noch vorherrscht, eine besondere Bedeutung hat.
Dementgegen stehen Brot, Rohkost oder sogar kalte Milchspeisen oder Müsli als sehr unverdaulich. Dies wird bereits deutlich wenn man sich überlegt, dass ein Müsli mit kalter Milch am Morgen doch recht lange satt macht. Es macht lange satt, weil es lange im Magen herum liegt. Das alles ist nicht so dramatisch, wenn wir uns die Zeit nehmen und dem Körper oder sagen wir der Milz die Gelegenheit lassen das Ganze in Ruhe zu verdauen. Jeder kennt wohl den Spruch: „Nach dem Essen sollst du ruhen oder 1000 Schritte tun.". Das gilt vor allem bei schwer verdaulicher Kost, wie sie eben auch eine reine Brotmahlzeit laut der TCM sein kann. Legen wir uns also nach diesem Frühstück für ein oder zwei Stunden auf die Couch oder in den Garten und lassen die Nahrung in Ruhe verdauen, dann ist es überhaupt kein Problem. Wollen wir aber voller Energie in den Tag starten und haben bereits morgens stressige Termine vor uns, dann ist diese Art des Frühstücks keine gute Idee. Es raubt uns unsere Energie, die wir benötigen. Es macht der Milz mehr Arbeit und damit dem Rest des Körpers ebenfalls. Das Ende des Liedes ist, dass wir uns abgeschlagen

und müde fühlen. Daran war letztendlich nicht nur unser Tag Schuld, sondern vor allem unser schwer verdauliches Frühstück.
Nun könnte man sagen, dass doch Rohkost nicht lange satt macht und daher auch nicht lange im Magen zu liegen scheint. Dass rohes Obst und Gemüse nicht so lange satt macht, liegt vor allem auch an der niedrigen Kalorienzahl von vielen Sorten. Man könnte auch sagen, es bringt dem Körper nicht so viel Energie, wie er braucht, um lange satt zu bleiben. Und da sind wir wieder bei dem Punkt. Die Energie, die aufgewendet werden muss, um rohes Obst und Gemüse zu "erwärmen und zu sortieren" ist höher als die Energie, die die Rohkost zur Verfügung stellt.
Das gilt übrigens im Sinne der TCM auch für Smoothies. Sie bestehen aus rohen Zutaten, die püriert als Saft oder gleich als Ersatz einer Mahlzeit eingenommen werden. Hier gilt der gleiche Grundsatz, wie beim einzeln verzehrten Rohkostanteil.

Milchprodukte wirken nach den Grundsätzen der TCM schleimbildend. Sie sollten in Maßen verzehrt werden. Außerdem sollte auf die eigene Konstitution geachtet werden. Neigt man eher zu zu viel Schleim, dann sollte der Verzehr von Milchprodukten eher eingeschränkt werden.

Ich habe im zweiten Kapitel auf die Richtlinien der DGE hingewiesen und ich bin mir durchaus bewusst, dass gerade die DGE zu viel Rohkost rät. Dies ist ein Punkt, den ich anders sehe. Meine Devise ist ein guter Mittelweg.

In Westeuropa sind viele Menschen abgeschlagen und müde und fühlen sich energielos. Selbst diejenigen, die scheinbar gesund essen und damit viel Rohkost auf ihrem Speiseplan stehen haben. Eine gute Balance ist hier meiner Meinung nach die beste Lösung. Werden also gekochte mit rohen Speisen in einem guten Gleichgewicht kombiniert, so steht dem Körper Energie zur Verfügung. Darüber hinaus bleibt noch genügend Energie übrig, um den Tag mit all seinen Aufgaben zu meistern und sich dabei wohl zu fühlen.

Das warme Frühstück

Starten wir also mit einem warmen Frühstück in den Tag, so können wir hier bereits für ausreichend Energie sorgen, die unserem Körper morgens zur Verfügung steht. Das ist in vielerlei Hinsicht sehr wichtig. Einerseits haben wir nachts zumeist geschlafen und nichts gegessen. Der Körper muss also Speicher auffüllen, damit wir leistungsfähig werden. Die eigene Leistungsfähigkeit ist dann bereits der

weitere Faktor, den es zu betrachten gibt. Die täglichen Aufgaben sind zu meistern und dafür wird Energie benötigt.
Es wird also deutlich, dass gerade morgens dem Körper zügig etwas angeboten werden sollte, woraus er Energie schöpfen kann. Wie wir von der chinesischen Sichtweise der Milz und ihrer Aufgaben wissen, ist das am besten möglich, wenn die Milz morgens warme Speisen erhält.

Warm bedeutet aber nicht das Toast aus dem Toaster oder das Brötchen aus dem Ofen. Warm heißt tatsächlich auch gekocht. Nun mögen Sie die Hände über dem Kopf zusammen schlagen und sich denkend dass Sie für so etwas am frühen Morgen überhaupt keine Zeit haben. So dachte ich auch viele Jahre lang. Tatsächlich durfte ich aber feststellen, dass es genauso viel Arbeit macht, wie das kalte Frühstück. Oder sagen wir es andersherum: Ein kaltes Frühstück kostet genauso viel Zeit wie ein gekochtes. Es bedarf vielleicht ein wenig mehr Planung und Überlegung, dann ist es aber genauso schnell zubereitet.

Was aber ist mit gekochten Speisen gemeint?
Letztendlich liegt das vor allem an der Vorliebe des Einzelnen. In Asien wird zum Frühstück häufig eine

Suppe serviert. Genauso kann jedoch ein Hafer- oder anderer Getreidebrei auf dem Frühstückstisch stehen oder gegartes Gemüse. Auch Eierspeisen, wie Rührei oder ein Omelette mit oder ohne Gemüse kann eine Möglichkeit sein. Der Fantasie sind kaum Grenzen gesetzt. Im Rezeptteil werde ich verschiedene Variationen vorstellen.
Ob das Frühstück süß oder herzhaft, eiweißreich oder eher eiweißarm zubereitet wird, ist vor allem eine Frage des eigenen Geschmacks und wie lange so ein Frühstück satt macht.
Die Sättigungszeit ist nämlich ein wichtiger Punkt. Das gewählte Frühstück sollte uns über ungefähr 4 Stunden sättigen.

Achtung: Geben Sie Ihrem Körper anfangs ausreichend Zeit sich an die neue Ernährungsweise zu gewöhnen. Gerade zu Beginn einer Umstellung auf gekochte Mahlzeiten kann es gut sein, dass sich viel früher bereits ein Hungergefühl einstellt, als Sie es gewohnt sind. Das liegt meiner Erfahrung nach darin begründet, dass sich der Körper umstellt. Energie steht ihm nun viel schneller zur Verfügung. Möglicherweise haben schon länger Defizite bestanden, der Kornspeicher war unaufgeräumt und die Milz müde. Nun kommt schnell verfügbare Energie am Morgen in unseren Körper und die Milz nutzt diese, um alte Baustelen zu bereinigen. Sie beginnt den Kornspeicher zu säubern. In diese Aufgabe fließt nun die hereinkommende Energie. Das hat zur Folge, dass wir schneller wieder hungrig sein können. Geben wir unserem Körper nun die ausreichende Zeit, essen beispielsweise früher wieder etwas oder gestalten das Frühstück ausgiebiger so gewöhnt sich der Körper nach und nach daran. Zum einen ist irgendwann alles aufgeräumt und zum anderen gewöhnen wir uns an die schnell zur Verfügung stehende Energie.

Ein anderer Faktor, warum wir nicht lange satt bleiben könnte sein, dass unser Körper morgens entweder besser mit eiweißreichhaltigen oder getreidehaltigen Lebensmitteln zurechtkommt und diese Art des Frühstücks uns einfach länger satt macht. So würde das eiweißhaltige Frühstück eher die Eierspeise bedeuten, während das kohlehydrathaltige Essen eher ein Getreidebrei darstellen würde. Probieren Sie aus, welcher "Typ" Sie sind und was Sie länger satt bleiben lässt.

Auch die Frage, ob es herzhaft oder süß sein darf, sollte individuell betrachtet werden. Was macht Sie wirklich satt und fühlt sich gut und wohlig an? Schmeckt Ihnen eher eine süße Speise morgens oder fühlen Sie sich wohler mit einem herzhaften

Frühstück? Ich persönlich finde es in diesem Zusammenhang besonders wichtig, dass Ihnen Ihre Mahlzeit schmeckt. Es gibt meiner Meinung nach nichts schlimmeres, als vor dem vollen Teller zu sitzen und eine regelrechte Abneigung gegen das Essen zu haben. Das führt letztendlich nur dazu, dass diese Art des Essens nicht lange umgesetzt wird. Essen soll immer schmecken.
Lassen Sie sich und Ihrem Körper aber auf jeden Fall die Zeit zur Umstellung und nehmen Sie lieber zu Beginn ein wenig größere Portionen, die Sie dann wieder nach unten korrigieren können, wenn Ihr Körper damit zurecht kommt.

Langes Kochen am Morgen?

Natürlich kann beim gekochten Frühstück auch einiges bereits vorher vorbereitet werden. Wer beispielsweise gerne eine Suppe oder Gemüsepfanne morgens isst, der kann diese auch am Vortag vorbereiten und morgens nur noch schnell aufwärmen. Die Haferflocken lassen sich über Nacht oder morgens sehr gut einweichen und haben dann nur noch eine kürzere Kochzeit, bis sie genießbar sind. Ist von einer Hauptmahlzeit etwas übrig geblieben, was sich als warmes Frühstück eignet, so lässt sich dieses Essen wunderbar am Morgen aufwärmen und genießen.

Lassen Sie sich also nicht von dem Gedanken abschrecken, morgens viel Zeit mit dem Kochen in der Küche verbringen zu müssen.
Hierzu zählt letztendlich auch das entsprechende Kochgeschirr. Kleine Töpfe oder Pfannen verringern zusätzlich die Garzeit. Wer einen Induktionsherd nutzt, der kann energiesparend sehr kleine Kochgeschirre verwenden. Ich nutze sehr gerne gusseiserne Cocottes, die es bereits ab einem Durchmesser von 10cm gibt. Auch bei einem schmalen Milchtopf gelingt der Haferbrei schnell und leicht, ohne festzubacken.

Die Frage, ob das Essen auch in einer Mikrowelle aufgewärmt werden kann, ist nicht ganz so einfach zu beantworten. Einerseits bietet die Mikrowelle den Vorteil, dass die Speisen schnell aufgewärmt sind, andererseits besteht die Möglichkeit zum Verlust von Nährstoffen.
Wie bei vielen Fragen bin ich auch hier für den Mittelweg. Kommt die Mikrowelle nicht ständig zum Einsatz, sondern nur hin und wieder, so kann ich darin nichts Schlechtes sehen.

Warme Speisen lassen sich ebenfalls in dafür geeigneten Wärmebehältern transportieren, wenn diese beispielsweise mit auf die Arbeit genommen werden sollen. Dies ist vor allem dann interessant, wenn es auf der Arbeitsstelle keine Möglichkeit zum Aufwärmen gibt.

Kapitel 4:

Die Kombination

Mein ganz persönliches Statement an das Frühstück ist eine Kombination aus gekochten und kalten Zutaten. Wie beim traditionell russischen Frühstück, wo Haferflocken mit einer Scheibe Brot kombiniert wird, finde ich es persönlich morgens eine optimale Möglichkeit. Dabei beginne ich XXX XXX jeweils beim Essen mit der gekochten Speise, da diese der Milz sehr zuträglich und damit für unseren Körper einfach bekömmlicher ist. Es geht mir hierbei rein um die Bekömmlichkeit im Sinne der TCM. Somit geben wir der Milz warme Zutaten, aus denen sie Qi herstellen kann und erst im Anschluss kommen aus Sicht der TCM schwerer verdauliche Zutaten in unser Verdauungssystem.

So esse ich beispielsweise erst Porridge mit Lein- und Chiasamen und etwas Zimt. Nach diesem warmen Anteil esse ich dann eine Scheibe Schwarzbrot je nach Wunsch belegt gemeinsam mit Snackgemüse und ein paar Scheiben Apfel. Dazu trinke ich eine Tasse Tee und etwas Saft.

Dies ist natürlich nur eine von vielen Varianten und im Rezeptteil finden Sie noch weitere Ideen, die ich alle selbst ausprobiert habe.

Diese Art zu frühstücken lässt sich gerade bei uns im Westen sehr gut umsetzen. Uns fällt es oftmals schwer uns an eine rein warme Essensweise zu gewöhnen. Die Angewohnheit zur Rohkost und zu Brotmahlzeiten und deren Nutzen hat sich zu tief eingeprägt und damit auch unser ganz persönliches Geschmackserlebnis. Es ist meiner Meinung nach auch eine Frage der Kultur und ihrer Einflüsse.
Kombinieren wir nun Warmes und Rohes, so befriedigen wir sozusagen beide Aspekte, den Körper, der mit warmen Anteilen einfach besser zurecht kommt und unser Gehirn, das gelernt hat, das rohe Speisen sehr wichtig für uns sind.

Ganz nebenbei entstehen so auch wunderbare Kombinationsmöglichkeiten. Ob es nun ein Getreidebrei mit warmen Obst und dazu eine Scheibe Vollkornbrot und etwas Snackgemüse ist oder eine Gemüsepfanne und dazu Ei und hinterher etwas Obst oder die Suppe mit einer Scheibe Brot, der Fantasie sind keine Grenzen gesetzt.

Es fällt so auch leichter sich an Neues zu gewöhnen und alte Gewohnheiten nicht sofort über den Haufen werfen zu müssen. Auf diese Weise wird es auch einfacher den Körper an die neue Frühstücksart heranzuführen und mehrere Stunden satt zu bleiben. So lässt sich der warme Anteil Schritt für Schritt anpassen und, wenn gewünscht, erhöhen, während der Anteil an Brot- und Rohkost verringert werden kann.

Mir persönlich ist dabei sehr wichtig, dass wir auf diese Art und Weise bereits morgens ausreichend Gemüse, Obst und Vollkorn zu uns nehmen können, um unseren Tagesbedarf ausreichend zu decken. Dies ist uns möglich, ohne Unmengen an Rohkost zu essen oder große Mengen an Brot.
Die Kombinationsmöglichkeiten sind so vielfältig, wie es Ideen gibt. Gesundes und vielfältiges Essen kann so schon mit dem Frühstück beginnen.

Dies gilt beispielsweise auch für einen selbst zubereiteten Smoothie. Ein Smoothie sollte unbedingt neben Obst auch Gemüse enthalten. Dies ist nicht nur wichtig, um unseren Gemüseanteil in der täglichen Nahrung zu erhöhen. Es geht in diesem Fall auch um unsere Leber, die je nach Wahl des Smoothies und seiner Zusammensetzung belastet

werden kann. Ausschlaggebend hierfür sind hohe Anteile an Fructose im Obst, welche alleine von der Leber verwertet werden müssen. Dies gilt letztendlich auch für reine Obstmahlzeiten. Einerseits sollten diese aus fructoseärmeren Obstsorten bestehen und andererseits ist es günstiger, wenn der Obstanteil zu Gunsten von Gemüse verringert wird, um die Ausgewogenheit wieder herzustellen.
So können wir in unseren Smoothie eben auch verschiedenste Gemüsesorten einbringen. Testen Sie aus, was Sie gut vertragen. Ich persönlich mag rein geschmacklich keinen Spinat oder Salat im Smoothie. Dafür gebe ich Möhre und Kräuter wie Melisse und Minze mit hinein, sowie Spirulina- oder Chlorellapresslinge. Auch Haferflocken oder Samen lassen sich in einem Smoothie gut verarbeiten. Kombinieren wir diesen selbst gemachten Drink nun mit einem warmen Anteil, wie beispielsweise einem Omelette, so haben wir wieder eine perfekt kombinierte Variante.

Achten Sie immer auf die ganz persönliche Verträglichkeit. Gerade Milch am Morgen kann möglicherweise zu Verdauungsstörungen führen. Probieren Sie aus, was Sie vertragen und in welcher Menge.

Vertragen Sie warme Milch im Porridge oder beigemengt im Omelette oder ersetzen Sie diese lieber durch einen veganen Ersatz?
Ich persönlich vertrage morgens gerade Rohmilch vom Bauernhof um die Ecke sehr gut und liebe meinen Porridge mit Milch. Ich kenne aber auch Menschen, die dies gerade morgens nicht vertragen. In diesen Fällen entsteht entweder gleich eine gewisse Abneigung gegen das Rezept oder es wird zu Alternativprodukten gegriffen.

Kapitel 5:

Gewohnheiten ändern

Wie ich schon mehrfach erwähnt habe, ist es wichtig neue Gewohnheiten so zu gestalten, dass sie langfristig umgesetzt werden. Das geschieht zum einen durch kleine Veränderungen und zum anderen durch gute Umsetzbarkeit.

Es ist also wichtig auf unser Frühstück bezogen, nicht gleich alles auf einmal abzuwandeln, sondern die geplanten Neuerungen nach und nach einzuführen. Dazu gehört auch sich auf keinen Fall Dinge zu verbieten. Das im Kopf gesetzte Verbot führt meist dazu, dass ein entsprechendes Verlangen entsteht, welches gestillt werden will. Hier kann viel leichter mit der Reduzierung das gewünschte Ziel erreicht werden. Wollen Sie so beispielsweise Wurst, Käse oder Marmelade von Ihrem Frühstückstisch verbannen, so beginnen Sie mit einer langsamen Umstellung. Wählen Sie beispielsweise Frischkäse statt Scheibenkäse, Geflügelwurst statt Salami und geräuchertem Schinken und weniger Marmelade oder etwas Honig. Stellen Sie langsam von Weiß- oder reinem Weizenbrot auf Vollkorn um. Bei dem

Wunsch zu einem warmen Frühstück nutzen Sie beispielsweise meine Vorgehensweise zu einem kombinierten warm-kalt Frühstück, um Ihren Körper an die neue Gewohnheit heranzuführen.
Außerdem sollten Sie sich auch Tage gönnen, an denen Sie einfach das essen, was Sie möchten. So steht der Sonntag für mich ganz im Zeichen von Brötchen und nicht von einem warmen Frühstück. Ich habe einerseits so festgestellt, dass ich die Brötchen am Wochenende viel mehr genieße und andererseits fällt mir auf, wie sehr ich andererseits spüre, wie ich das warme Frühstück montags wieder brauche.
Sie werden feststellen, dass sich nach und nach Ihr Geschmack und damit auch Ihr Bedürfnis nach Speisen verändern wird. Aber es braucht alles seine Zeit und die sollen Sie Ihrem Körper geben.

Ein weiterer wichtiger, wenn nicht der wichtigste Faktor: Das Essen muss Ihnen schmecken. Sie machen keine Diät oder nehmen eine bittere Medizin zu sich. Essen sollte Genuss sein und somit muss es Ihnen auch unbedingt schmecken.
Natürlich kann sich Ihr Geschmack – wie oben beschrieben – auch im Laufe der Zeit verändern. Trotzdem sollten Sie auf gar keinen Fall Zutaten auswählen, die Ihnen eigentlich nicht zusagen. Ein

Scheitern ist sonst vorprogrammiert. Auch werden Sie schnell frustriert sein und die Lust am Ausprobieren verlieren.

Kapitel 6:

Kochutensilien

Es gibt viele verschiedene Utensilien, die Ihnen bei der Zubereitung Ihres ganz persönlichen Frühstücks behilflich sein können. Dies gilt auch für die Mitnahme von Mahlzeiten auf die Arbeit und für unterwegs.

Auf dem Markt gibt es die verschiedensten To-go-Becher für warme und kalte Speisen, ob einzeln oder als Kombination. Becher, die sowohl einen Thermosbecher haben als auch einen Aufsatz für kalte Zutaten wie Becher mit integriertem Besteck und Abtropfsieb für Obst und Gemüse. Die Vielfalt kennt kaum Grenzen.

Auch bei der Zubereitung für zu Hause gibt es unglaublich viele Variationen. Kleine Töpfe, so genannte Cocottes aus Gusseisen eignen sich besonders gut für die Zubereitung von Gemüsegerichten für eine Person. Der Aufbau dieser Cocottes lässt den Inhalt wunderbar im eigenen Saft garen und erhält den Geschmack. Auch Pfannen gibt es in den verschiedensten Größen, so dass auch hier für eine Person alleine schnell etwas zubereitet ist. Der gute alte Milchtopf dagegen eignet sich hervorragend für

die Zubereitung von Porridge und Getreidebrei oder für Milchreis. Ganz einfache kleine Stiltöpfe lassen sich optimal heranziehen für das Aufwärmen von am Vortag gekochten Suppen.
Natürlich kann auch das ganz normale Kochgeschirr den Zweck erfüllen. Es muss nichts neu angeschafft werden, wenn dies nicht gewünscht ist.

Kapitel 7:

Rezeptideen

Im Folgenden stelle ich Ihnen eine kleine Auswahl an Rezepten vor. Diese habe ich selbst ausprobiert. Die Variationen lassen sich natürlich vielfältig kombinieren und einzelne Zutaten sind austauschbar. So können Milchprodukte gegen vegane Ersatzprodukte ausgetauscht werden oder Obst und Gemüsesorten verändert werden, wie es der eigene Geschmack verlangt.

1) Porridge mit Beeren und Gemüse

Für 1 Person:

Zutaten für das Porridge:
30g Porridge
1-2 TL Samen nach Wunsch
1 TL Honig
1 Hand voll Früchte nach Wahl wie Erdbeeren, Himbeeren, Heidelbeeren oder Brombeeren, frisch oder gefroren
Etwas Milch

1. Den Porridge gemeinsam mit dem Samen mit heißem Wasser übergießen, bis er bedeckt ist. Für etwa 5 Minuten einweichen lassen.
2. Milch angießen, bis der Brei wieder flüssig ist. Den Topf auf dem Herd bei mittlerer Hitze unter Rühren aufkochen, bis der Brei die gewünschte Konsistenz erhält.
3. Das Obst in eine Schale geben.
4. Den fertigen Porridge über das Obst geben.
5. Den Honig in die Schale geben und alles genießen.

Tipp: Gefrorene Früchte am Vorabend aus dem Eis nehmen und im Kühlschrank auftauen. Nach Wunsch kann das Obst auch aufgewärmt werden.

Dazu eine Scheibe Schwarzbrot nach Wahl belegt.
Hierzu passen Gemüsesorten wie Möhren, Radieschen, Paprika oder Gurken.
Nehmen Sie hierfür 1 Handvoll Gemüse.

2) Gemüsepfanne mit Vollkornbrot und Apfel

Für 1 Portion:
Für die Gemüsepfanne:

1/2 kleine Zucchini
1/3 Paprika
6 Cocktailtomaten
Etwas Salz, Pfeffer und Kräuter nach Belieben
1 kleine Chilischote nach Wunsch

1. Das Gemüse putzen und klein schneiden.
2. Das Gemüse gemeinsam mit den Gewürzen in einen kleinen Topf, beispielsweise in eine 12er Cocotte geben und bei kleiner Flamme 10 Minuten köcheln lassen.

Tipp: Wenn Sie eine Cocotte verwenden, dann ist es ein Zeichen dafür, dass das Essen gar ist, wenn der Deckel so heiß ist, dass Sie ihn mit bloßen Fingern nicht mehr anfassen können.

Dazu 1 Scheibe Vollkornbrot nach Wahl belegt sowie 1 Apfel in Spalten geschnitten.

3) Gerstensuppe mit Vollkornbrötchen und Obst

Für 1 Person:
Zutaten für die Gerstensuppe:
1 kleine Charlotte
50g Suppengrün
40g Rollgerste
1EL Öl
1l Rinderbrühe
Etwas Sahne zum Verfeinern
Etwas Speck oder Bündnerfleisch nach Wunsch

1. Möhren, Lauch und Sellerie putzen und in feine Würfel schneiden.
2. Charlotte schälen und in feine Würfel schneiden.
3. Öl in einem Topf erhitzen und Charlotte und Gemüse darin andünsten.
4. Brühe angießen und die Rollgerste dazu geben.
5. Nach Wunsch Speck- oder Bündnerfleisch in die Suppe geben. Alles kochen, bis die Zutaten weich sind.
6. Etwas Sahne in die Suppe geben, aber nicht mehr aufkochen lassen.

Dazu 1 kleines Körnerbrötchen und 1 Hand voll Obst je nach Saison wie Beeren, Pfirsich, Aprikosen, Apfel oder Birne genießen.

4) Rührei mit Pumpernickel und Banane

Für 1 Person:

Zutaten für das Rührei:

2 Eier

Etwas Milch

Salz und Pfeffer

1 klein geschnittene Peperoni

1 Tomate in Stücke geschnitten

6 Oliven entkernt

1. Das Ei mit der Milch und Salz und Pfeffer verquirlen. Mit dem Gemüse mischen.
2. Die Mischung in eine heiße Pfanne geben. Unter Rühren anbraten, bis das Ei stockt.

Dazu 1 Scheibe Schwarzbrot oder Pumpernickel nach Wahl natur oder belegt und eine Banane.

Tipp: Wer es mag, kann sich auch gleich ein Bananenbrot belegen.

5) Ei mit Guanciale und Spinat aus der Pfanne

Für 1 Person:
Zutaten für das Omelette:
Je nach Größe der Pfanne, diese mit dünn geschnittenen Scheiben Guanciale auslegen
2 Eier
Etwas Milch
1 Hand voll Spinat gefroren oder 2 Hand frischen Spinat
Etwas Parmesan

1. Die Pfanne mit dem Guanciale auslegen und erhitzen.
2. Die Eier mit der Milch und einer Prise Salz verquirlen und über den Speck gießen.
3. Den Spinat über die Eiermasse verteilen und alles langsam ausbacken.
4. Zum Ende der Garzeit nach Belieben Parmesan über das Omelette streuen.

Tipp: Wenn Sie gefrorenen Spinat verwenden, dann eignet sich fein gehackter Spinat am besten, da die gefrorenen Stücke klein sind und er sich so optimal mit dem Ei verbindet und alles schneller durchgart.

Dazu 1 Vollkornbrot, nach Wunsch belegt mit 1 Hand voll Obst nach Wahl genießen.

6) Milchreis mit Zimt und Kirschen

Für 1 Person:
Zutaten für den Milchreis:
50g Rundkornreis
250ml Milch
1 Prise Zimt
1 Hand voll Sauerkirschen aus dem Glas

1. Die Milch in einem Milchtopf aufkochen lassen, dann den Reis hinzu geben.
2. Kurz aufkochen lassen, dann auf mittlerer Stufe ca. 20 Minuten köcheln lassen, bis der Reis weich ist.
3. Vor dem Servieren mit Zimt bestreuen.
4. Sauerkirschen kalt oder ebenfalls aufgewärmt dazu servieren.

Tipp: Zum Milchreis schmeckt auch Vanille oder 1 Prise Vanillezucker sehr gut. Es gibt auch Milchreisgewürz, welches sehr lecker ist.

Hinterher Snackmöhren genießen.

7) gefaltetes Omelette mit Kaisergemüse

Für 1 Person:

Zutaten für das Omelette:

2 Eier

Etwas Milch

1 Scheibe Vollkornbrot

1 Scheibe Käse nach Wahl (Geheimtipp: Chili-Cheddar)

1 Hand voll Kaisergemüse, gekocht oder gefroren

1. Etwas Öl in eine Pfanne geben.
2. Nur eine Hälfte der Pfanne mit dem Vollkornbrot auslegen, darauf das Gemüse verteilen und mit dem Käse bedecken.
3. Die Eier mit der Milch und einer Prise Salz verquirlen und in der gesamten Pfanne verteilen
4. Die Pfanne langsam erhitzen und die das Omelette durchgaren bis das Ei stockt
5. Nun kommt der komplizierte Teil: die unbelegte Hälfte des Omelettes vorsichtig auf die andere Hälfte klappen, sodass eine Art „Calzone" entsteht.

Tipp: Wenn Sie gefrorenen Blumenkohl verwenden, schneiden Sie im angetauten Zustand die Strunken ab, die Röschen alleine schmecken besser.

Dazu einen Apfel in Scheiben geschnitten genießen.

8) Gebratenes Obst mit Nüssen und Snackgemüse

Für 1 Person:
Zutaten für das Obst:
1/2 Apfel
1/2 Pfirsich oder 1 Aprikose, bzw. 1/2 Birne
1 Hand voll Nüsse,
1 Prise Zimt

1. Das Obst in Würfel schneiden - mit Haut verwenden.
2. Die Nussmischung in eine kleine Pfanne geben und ohne Öl anrösten.
3. Das Obst nach 2 Minuten zu den Nüssen geben und braten, bis es weich genug ist.
4. Kurz vor dem Servieren etwas Zimt über die Zutaten geben.

Tipp: Den Zimt nicht zu früh in die Pfanne geben, da er sonst am Boden anbrennen kann.

Dazu 1 Scheibe Körnerbrot nach Wahl belegt mit Snack-gemüse genießen.

9) Frühstücksbrei mit Nüssen und Smoothie nach Wahl

Für 1 Person:

Zutaten für den Brei:

30g Getreideflocken, wie Dinkel oder Gerstenflocken
1EL gemischte Nüsse gehackt
Etwas Milch
Wasser
1 Prise Zimt

1. Den Zimt, sowie die gehackten Nüsse in den Getreidebrei mengen.
2. Alles mit Wasser angießen, bis der Brei bedeckt ist.
3. Den Brei ca. 5 Minuten quellen lassen.
4. Mit Milch aufgießen, bis der Brei wieder flüssig ist.
5. Auf dem Herd bei mittlerer Hitze unter Rühren köcheln, bis der Brei die gewünschte Konsistenz hat.

Tipp: Es gibt direkt Fertigmischungen mit Nüssen und Mandeln, welche gehackt sind und sich gut eignen.

Zutaten für den Smoothie:
100ml Orangensaft
1/2 Möhre
5 Blätter frische Minze
3 Blätter frische Melisse
2 Presslinge Spirulina oder Chlorella
1/2 Banane
1 Spalte Apfel
1/2 Aprikose
Beeren nach Wahl

1. Das Gemüse und Obst putzen und klein schneiden.
2. Alle Zutaten in einen Standmixer geben und pürieren, bis eine glatte Masse entsteht.

Tipp: Alle Zutaten sind je nach Geschmack austauschbar. Hier ist die eigene Kreativität gefragt.

10) Pancakes mit Beeren und Gemüse-quark

Für 1 Person:
Zutaten für den Pfannkuchen:
60g Dinkelmehl
40g Haferflocken
1 Ei
100ml Milch
Beeren zum Servieren

1. Alle Zutaten außer der Beeren in einer Rührschüssel vermengen und 10 Minuten ziehen lassen.
2. Eine Pfanne erhitzen und den Teig in die Pfanne zum Ausbacken geben.
3. Nach 4 Minuten den Pfannkuchen wenden und von der anderen Seite backen lassen, bis er sich aus der Pfanne löst.
4. Mit Beeren nach Wahl servieren.

Tipp: Durch die Haferflocken und das Dinkelmehl wird der Pfannkuchen etwas härter, als wenn er mit Weizenmehl gebacken wird. Er kann so aber auch gut in einer Dose mit zur Arbeit genommen werden.

Zutaten für den Gemüsequark:
20g Magerquark
Etwas fein geriebene Avocado
1 Stück klein geschnittene Gurke
Etwas Schnittlauch zum Bestreuen

Den Quark mit dem Gemüse mischen und auf der Scheibe Brot genießen.

Tipp: Auch hier lässt sich das Gemüse je nach Belieben austauschen.

Danksagung

Mein Dank gilt Tanja, die wie immer mein Manuskript zuerst gelesen und mir Anregungen und Korrekturvorschläge gegeben hat.

Ich danke Sebastian, der all meine Vorhaben unterstützt.

Unermüdlich hat er mit mir Rezepte gekocht und fotografiert. Dabei habe ich ihn so manches Mal an den Rand der Verzweiflung getrieben mit meinen vorhandenen oder nicht vorhandenen Ideen und Wünschen.

Außerdem gilt mein Dank auch allen MitarbeiterInnen des Edition Paashaas Verlags.

Beim Lektorat, welches manchmal gar nicht so einfach ist bei einer blinden Autorin und bei der letztendlichen Gestaltung des Covers haben wieder alle meine Buchidee toll umgesetzt.

Autorenportrait

Melanie Joußen wurde 1980 in Stolberg, einer Kleinstadt in der Nähe von Aachen in Nordrhein-Westfalen geboren.
Kurz nach ihrer Geburt wurde eine Augenerkrankung festgestellt. Nach einigen Jahren der Diagnostik stellte sich heraus, dass es sich um eine Unterform der Leberschen Kongenitalen Amaurose handelt. Bei dieser Form der Erkrankung haben sich vor allem die Sehnerven nicht ausgebildet, so dass der Autorin nur ein minimaler Sehrest verblieben ist, welcher sie als gesetzlich blind erklärt.
Nachdem sie 2001 das Abitur erfolgreich absolviert hatte, begann die Suche nach einem Studienplatz.
Im Wintersemester 2002 begann dann das Studium der Sozialen Arbeit an der Katholischen Fachhochschule in Aachen. Zum damaligen Zeitpunkt noch ganz ohne Hilfsmittel, die sie erst 2 Jahre später erhalten sollte. Bis dahin nahm sie Vorlesungen auf und arbeitete sie zu Hause nach. Die kleine Hochschule ermöglichte ihr eine gute Orientierung und heute noch fragt sie sich manchmal, wie sie das damals ganz ohne Hilfe alles geschafft hat.
2005 war dann ein Jahr der Umbrüche. Zuerst zog sie mit ihrer Familie in das neu gebaute Haus am

Stolberger Stadtrand. Kurz darauf sollte ein jahrelanger Wunsch in Erfüllung gehen. Nach einem Erstgespräch mit einer Blindenführhundschule stand fest, dass sie im Mai ihre erste Blindenführhündin erhalten sollte. Außerdem lernte sie ihren heutigen Partner kennen. Da auch bei ihm räumliche Veränderungen und ein Studium bevorstanden, beschlossen sie im Herbst zusammenzuziehen.

2008 erhielt die Autorin ihr Diplom und die Jobsuche begann.

2009 erhielt sie schließlich eine Anstellung in einem Seniorenzentrum und arbeitete dort im Sozialdienst. 2012 ging dann ihre erste Blindenführhündin in Rente und ihre zweite Hündin zog ein.

2017 musste die erste Führhündin schweren Herzens eingeschläfert werden.

Nachdem der Wunsch zu einer begleitenden Ausbildung eines neuen Blindenführhundes scheiterte, stand 2020 fest, dass im Folgejahr wahrscheinlich ein neuer Blindenführhund in die Familie einziehen würde.

2021 begann sie aus Freude am Schreiben, ihr erstes Buch zu verfassen. Im Oktober 2021 startete sie ein Fernstudium zur Gesundheitsberaterin/Präventionscoach.

Neben ihren Tieren, die ihr und ihrem Partner unglaublich viel bedeuten, ist eine Passion der Autorin die Gesundheitspflege. Sie interessierte sich schon immer für die Naturheilkunde, besonders auch für TCM.

Von ihr bereits im EPV erschienen:
Chronische Niereninsuffizienz beim Hund
ISBN: 978-3-96174-116-8

Literaturverzeichnis

Friedl, Dr. med. Fritz: Das Gesetz der Balance - chinesisches Gesundheitswissen für ein langes Leben, 2016, Wilhelm Goldmann Verlag, München

Weidinger, Georg, Dr. med: Die Heilung der Mitte - Die Kraft der traditionellen chinesischen Medizin, Ennsthaler Verlag, Steyer, 2011

www.home-to-go.de

www.wikipedia.de

Weitere Infos, Leseproben und Bücher finden Sie auf
www.verlag-epv.de